Ennio Morricone

Include Backing Tracks CD for piano

The song:
ONCE UPON A TIME IN AMERICA
is reprinted by permission of Faber Music Ltd and Volonté & CO Srl.

Thanks to all the publishers involved in this project.

Pubblicato da:
Carisch

Distributore esclusivo:
Hal Leonard

Order No. ML2796
ISBN 9788850713011

Questo libro © 2008 Copyright Carisch
A division of Hal Leonard

La riproduzione non autorizzata di qualsiasi parte di questa
pubblicazione con qualsiasi mezzo, compresa la fotocopia,
è una violazione del diritto d'autore.

Stampato in EU

www.carisch.com

CD TRACK	TITLE	PAGE
1	ACCADDE A VENEZIA	4
2	ADDIO A CHEYENNE	6
3	GABRIEL'S OBOE	8
4	GIÙ LA TESTA	10
5	IL BUONO, IL BRUTTO E IL CATTIVO	16
6	L'ESTASI DELL'ORO	20
7	L'INCONTRO	24
8	LA BALLATA DI SACCO E VANZETTI	28
9	METTI, UNA SERA A CENA	32
10	HERE'S TO YOU	36
11	NUOVO CINEMA PARADISO	39
12	ONCE UPON A TIME IN AMERICA	42
13	PER QUALCHE DOLLARO IN PIÙ	44
14	PER UN PUGNO DI DOLLARI	48
15	PLAYING LOVE	50
16	SAHARAN DREAM	54
17	THE MISSION	56
18	TITOLI (FROM "PER UN PUGNO DI DOLLARI")	58
19	TITOLI (FROM "C'ERA UNA VOLTA IL WEST")	64

ACCADDE A VENEZIA

TRACK 1

Music by Ennio Morricone

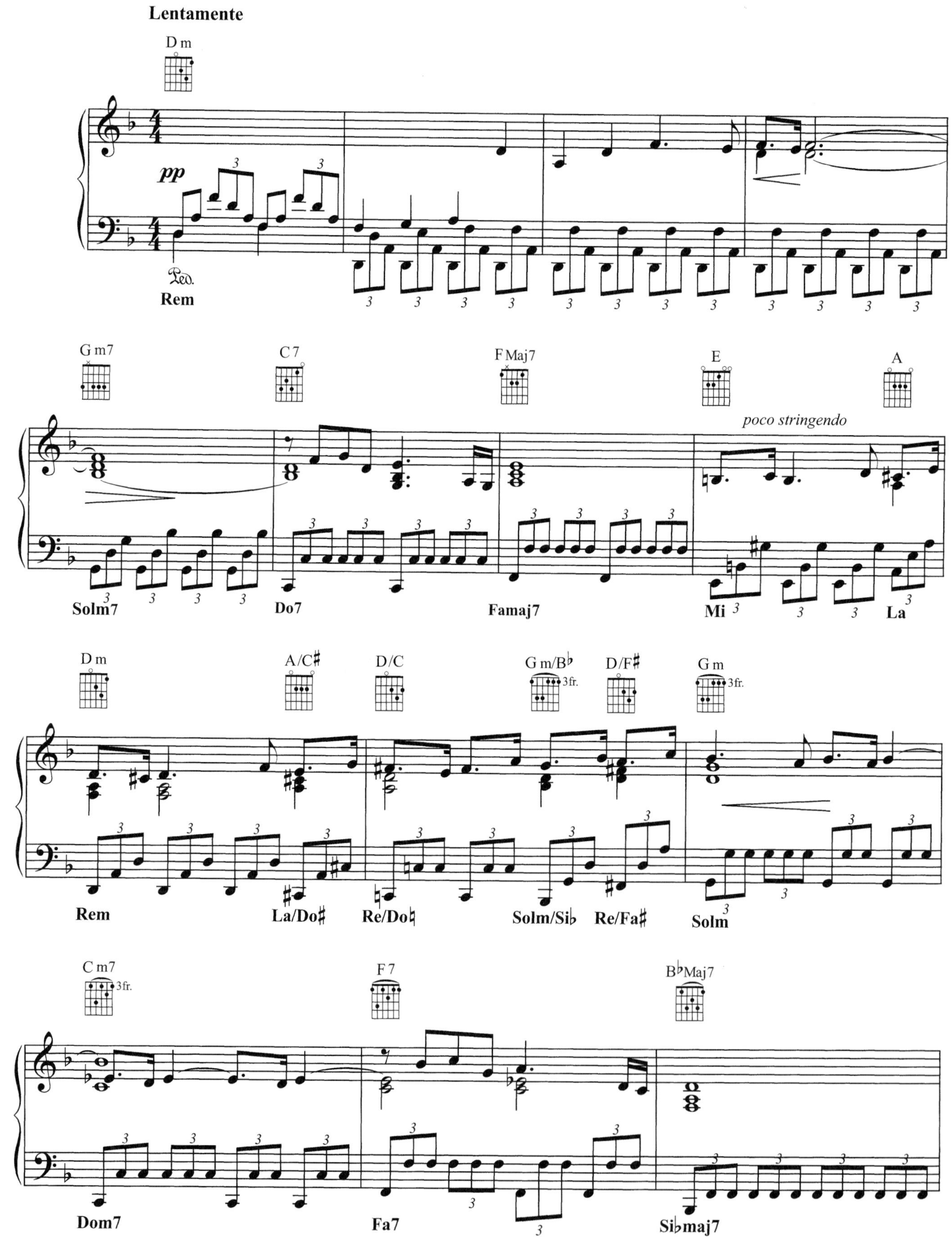

ADDIO A CHEYENNE

Music by Ennio Morricone

TRACK 2

ADDIO A CHEYENNE

GABRIEL'S OBOE

Music by Ennio Morricone

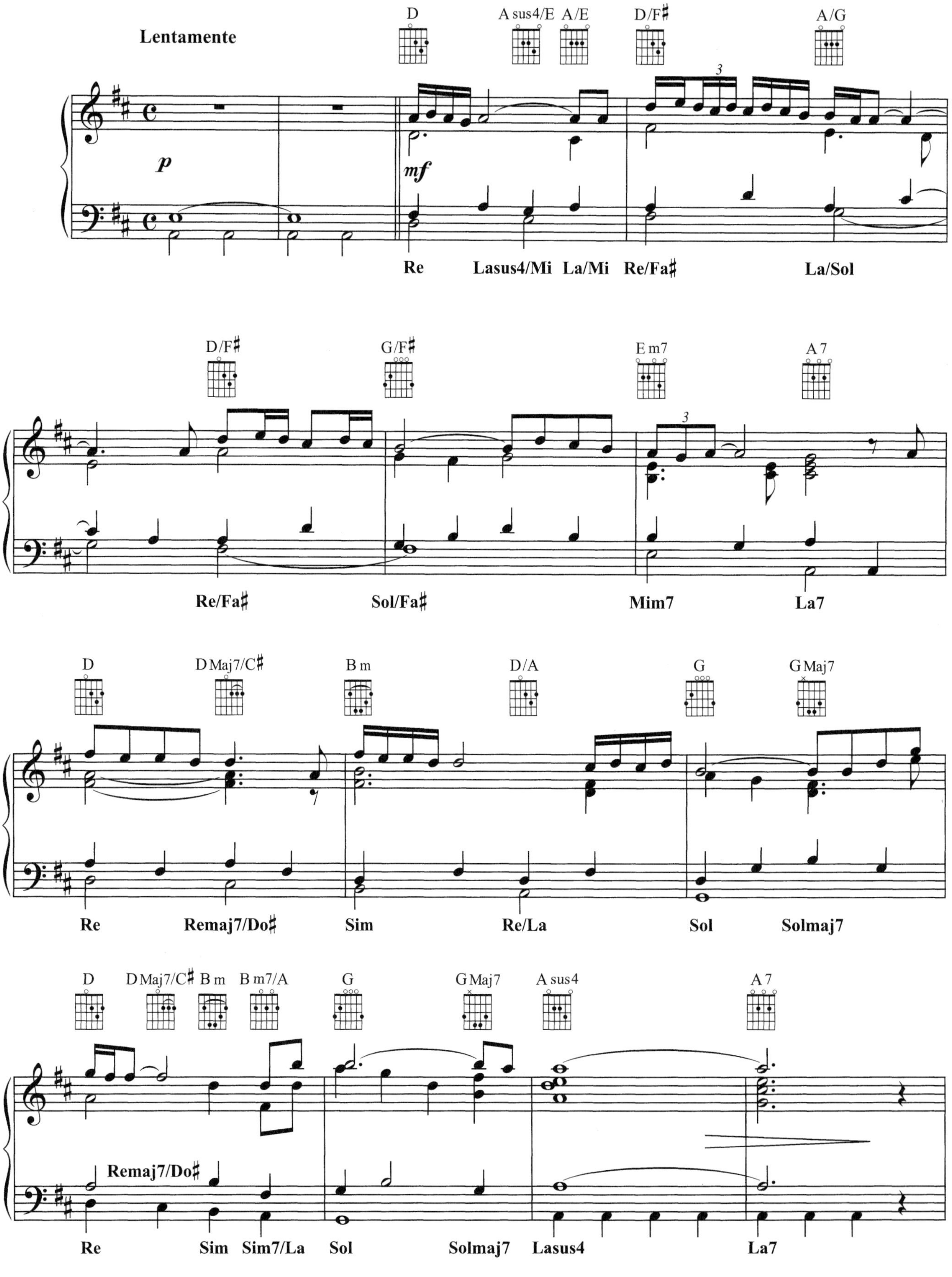

GABRIEL'S OBOE

GIÙ LA TESTA

Music by Ennio Morricone

TRACK 4

Moderato

GIÙ LA TESTA

GIÙ LA TESTA

ad lib. sfumando

IL BUONO, IL BRUTTO E IL CATTIVO

Music by Ennio Morricone

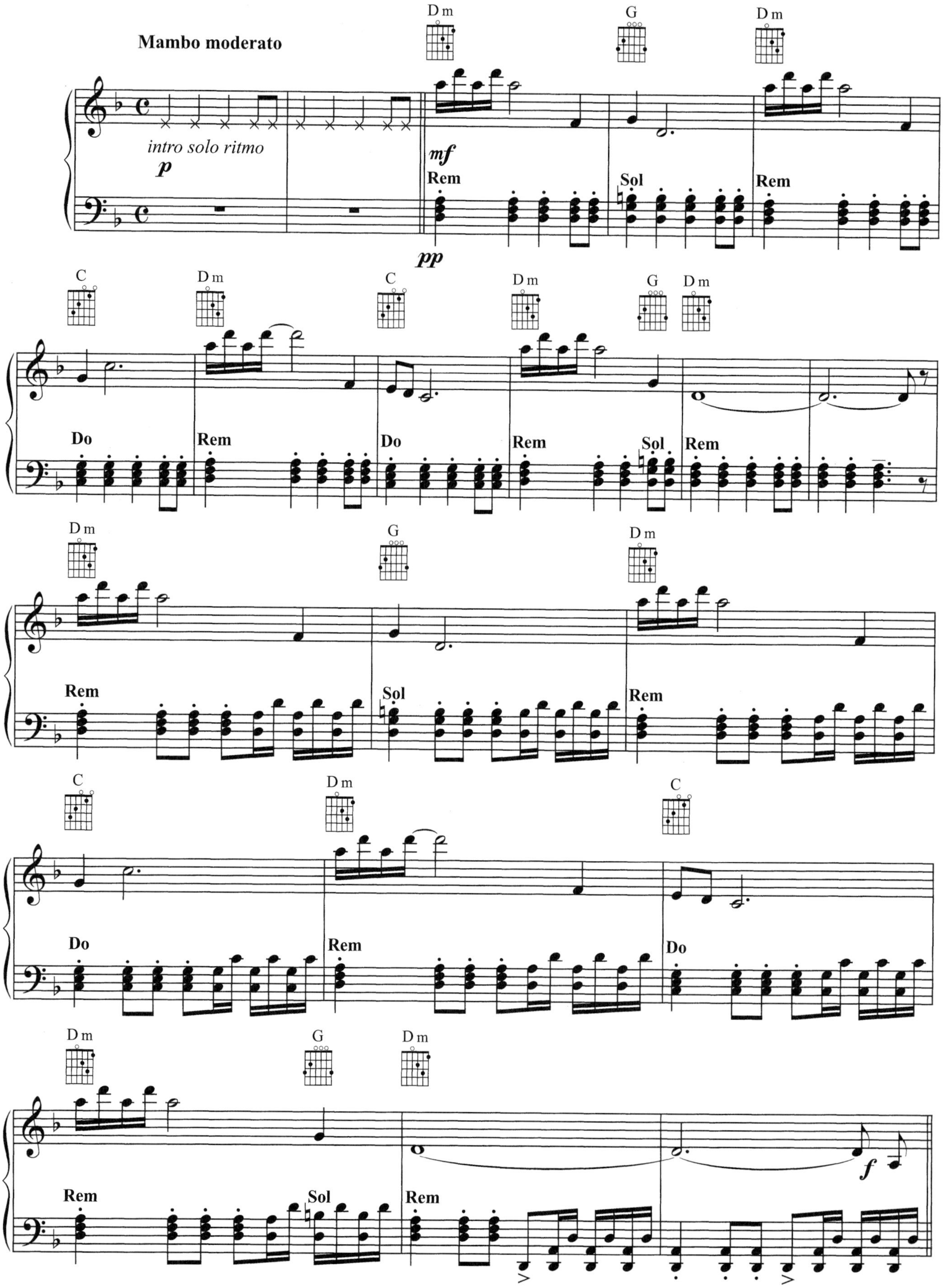

IL BUONO, IL BRUTTO E IL CATTIVO

ESTASI DELL'ORO

TRACK 6

Music by Ennio Morricone

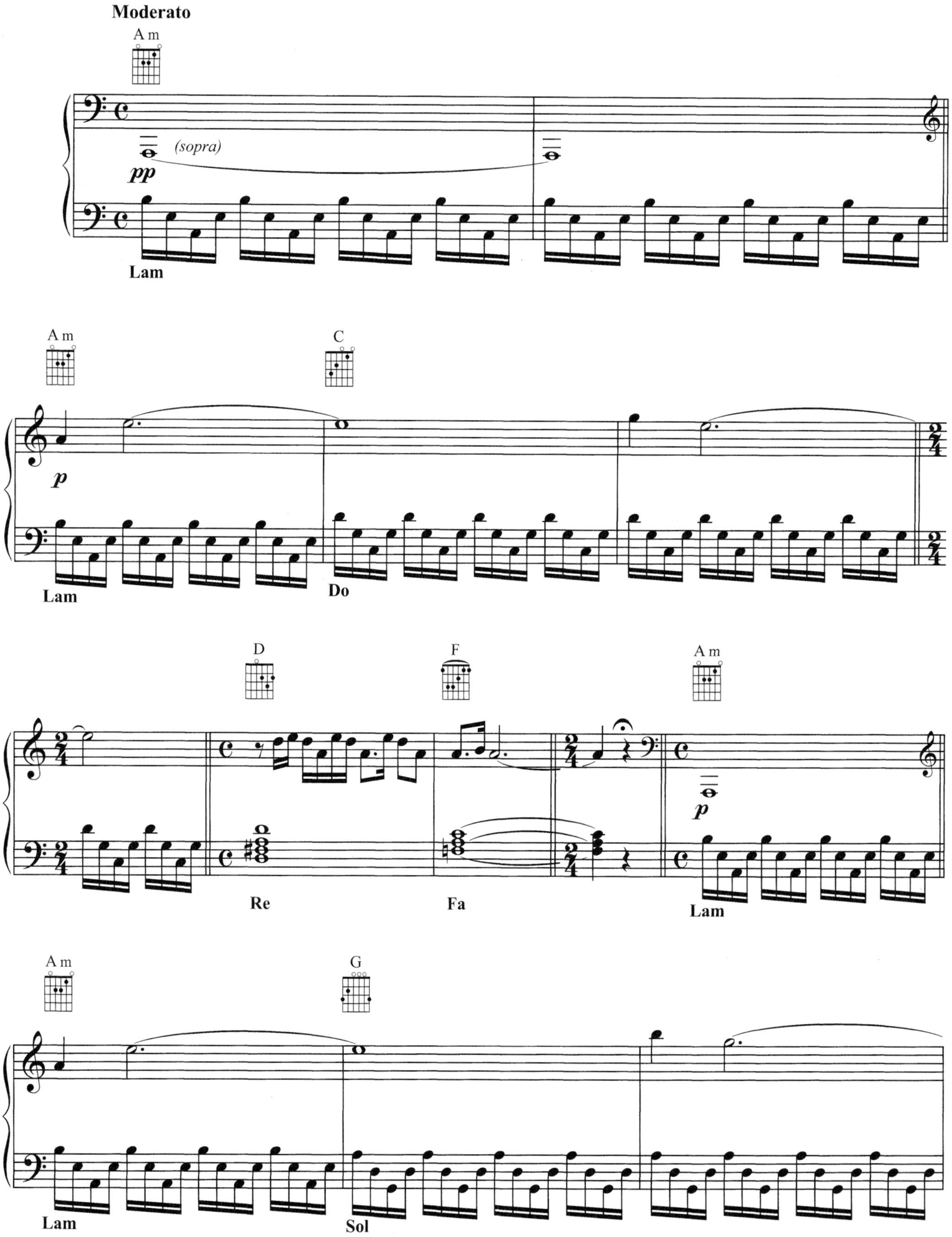

ESTASI DELL'ORO

ESTASI DELL'ORO

ESTASI DELL'ORO

L'INCONTRO

TRACK 7

Music by Ennio Morricone

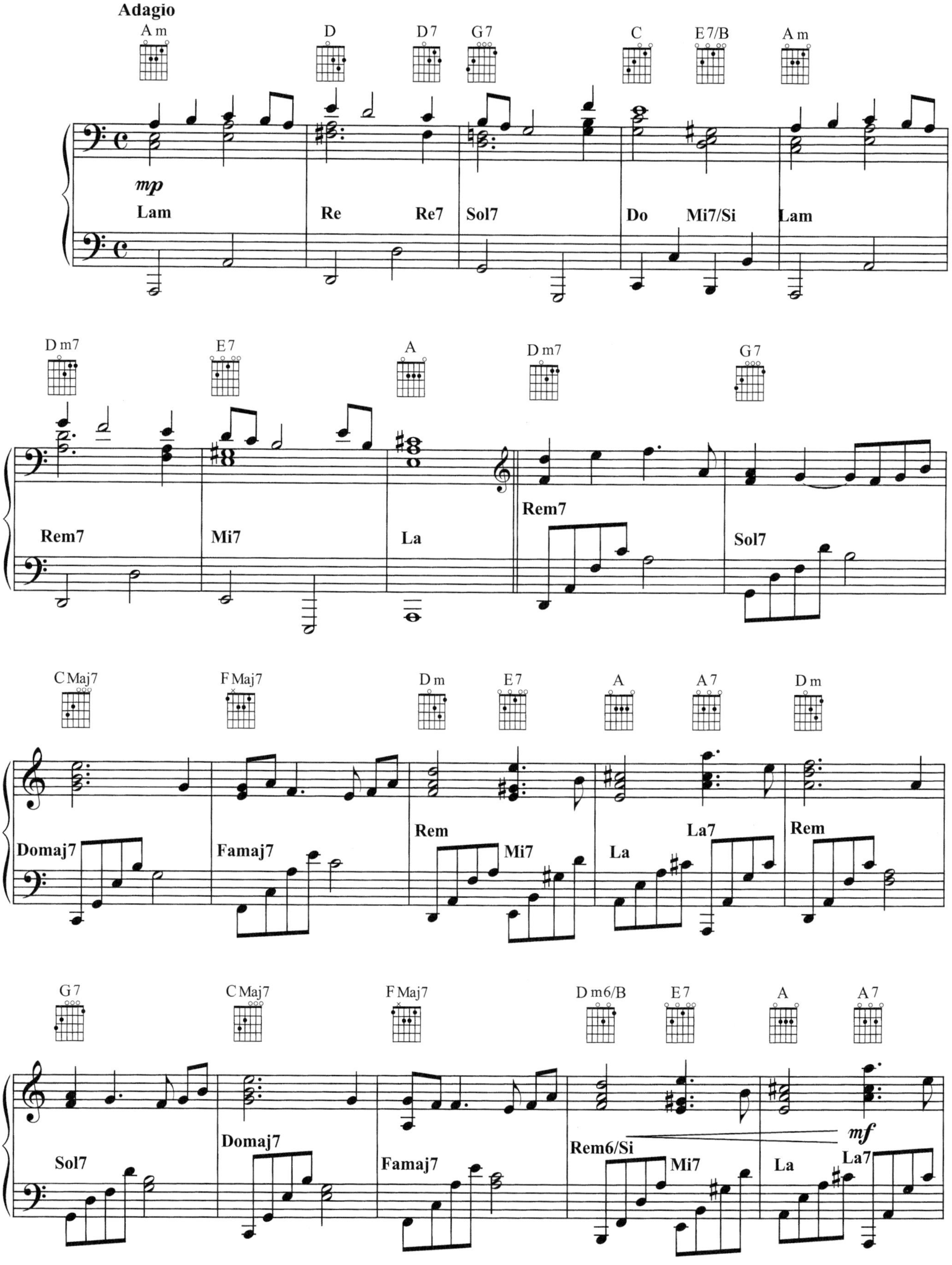

L'INCONTRO

LA BALLATA DI SACCO E VANZETTI

TRACK 8

Words by Joan Baez - Music by Ennio Morricone

© 1971 by Universal Music Publishing Ricordi S.r.l. – Via B. Crespi, 19 – 20159 Milano
All rights reserved. International Copyright secured

LA BALLATA DI SACCO E VANZETTI

LA BALLATA DI SACCO E VANZETTI

METTI, UNA SERA A CENA

Music by Ennio Morricone

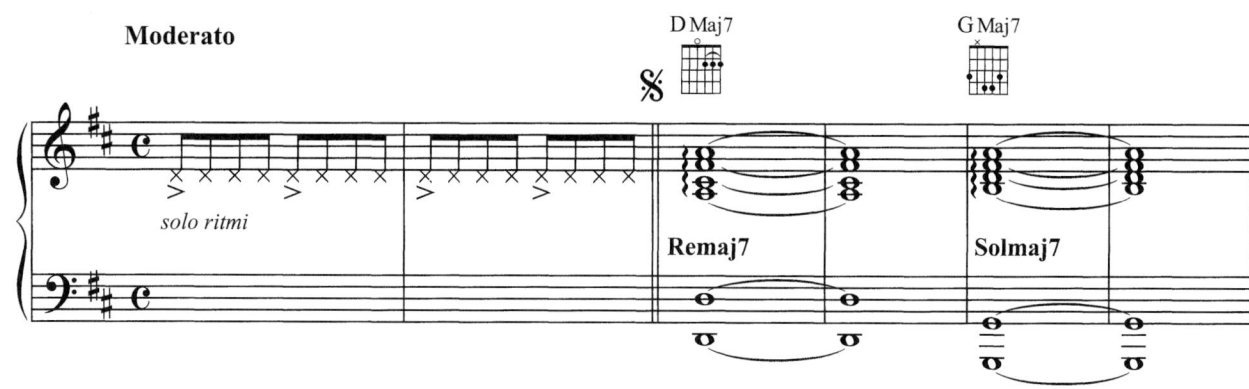
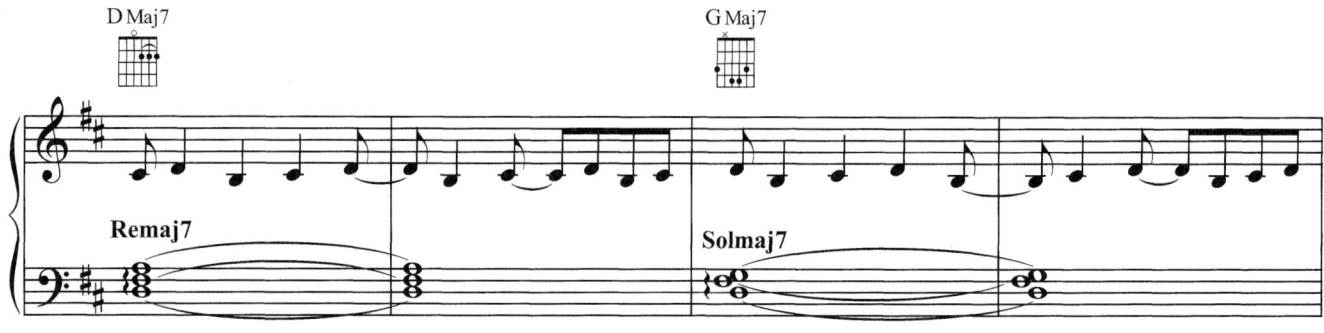

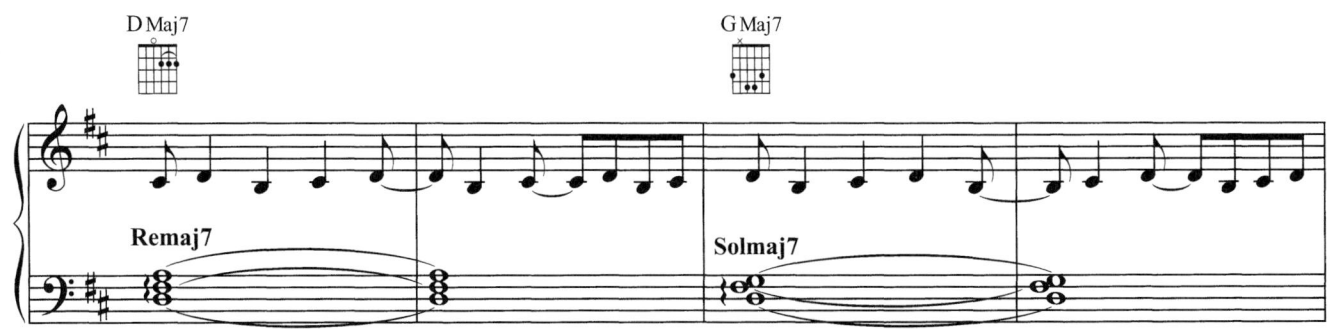

METTI, UNA SERA A CENA

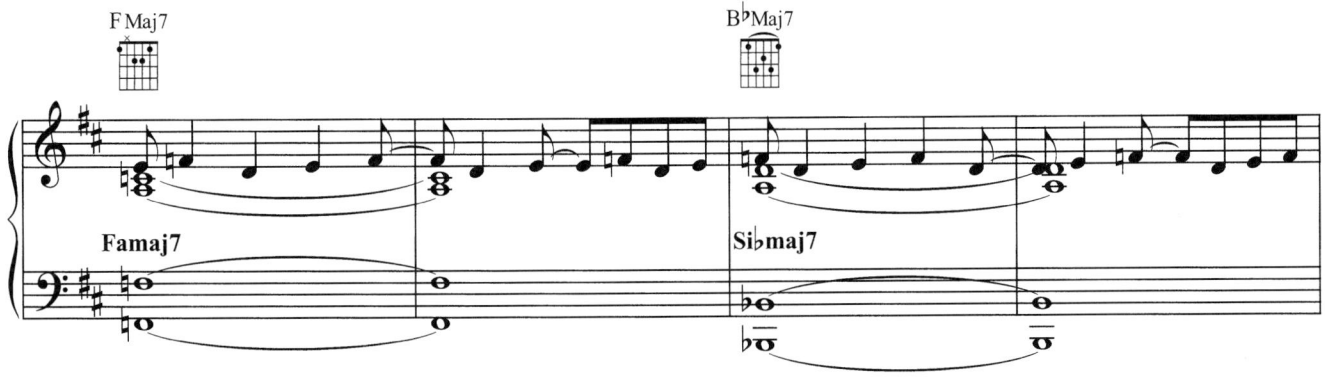
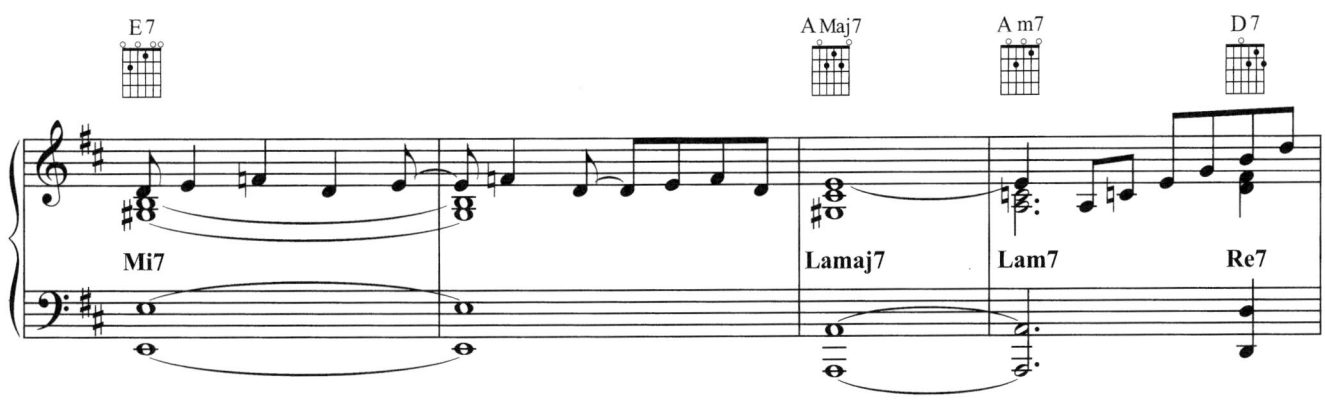
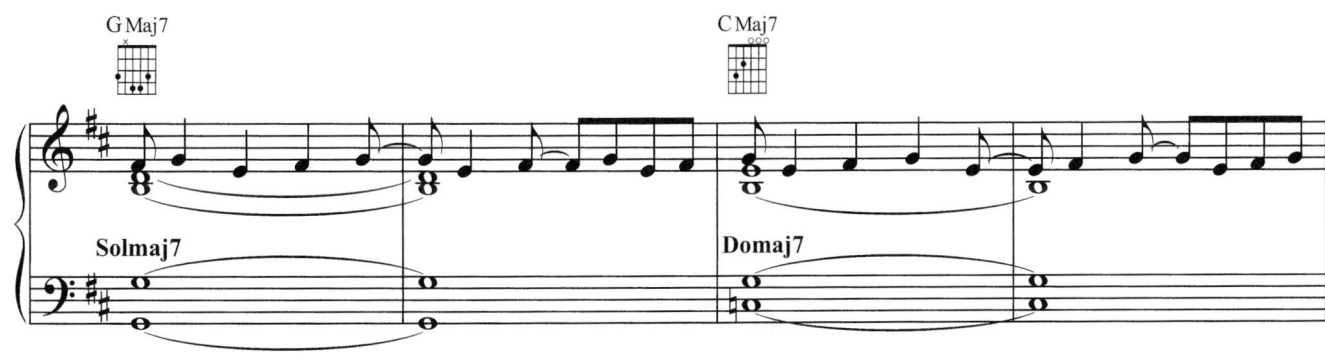

METTI, UNA SERA A CENA

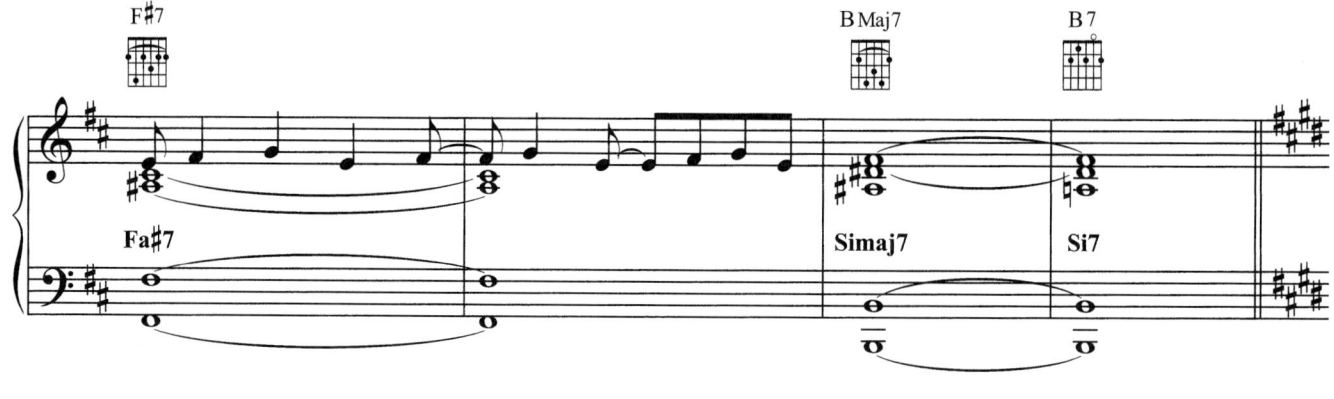
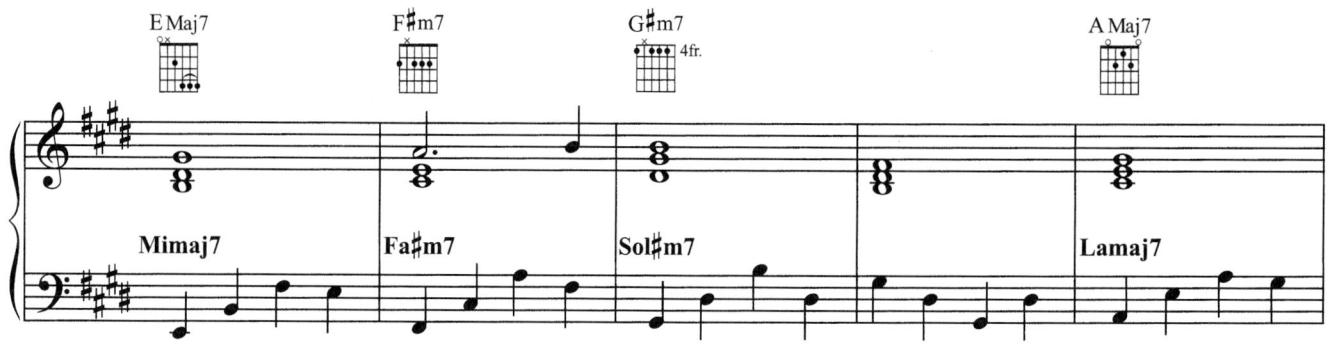

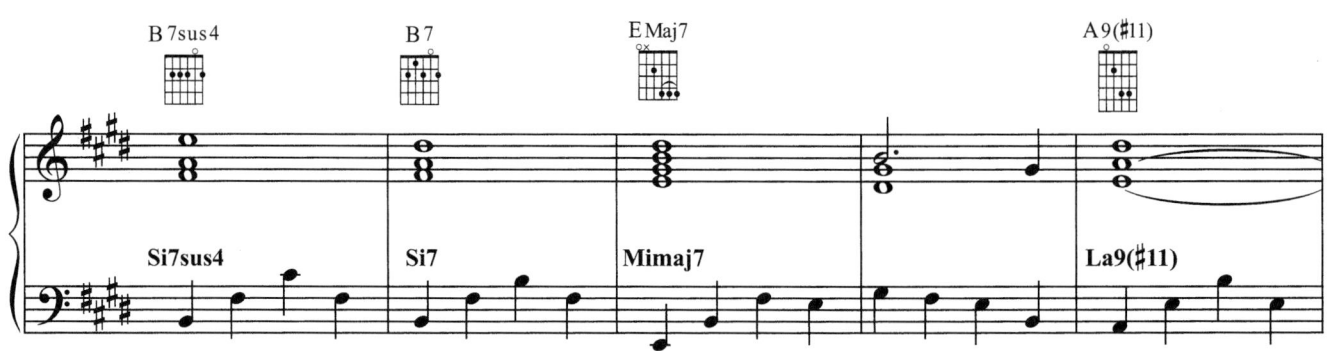

METTI, UNA SERA A CENA

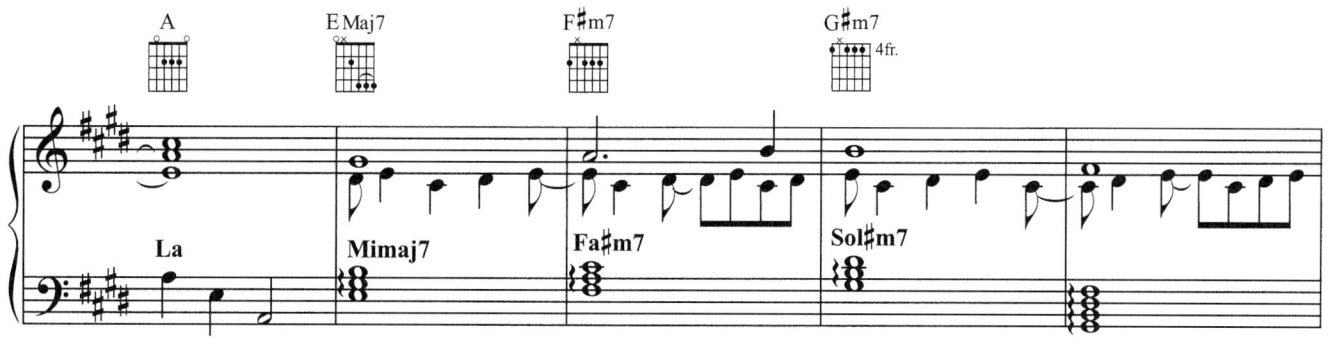
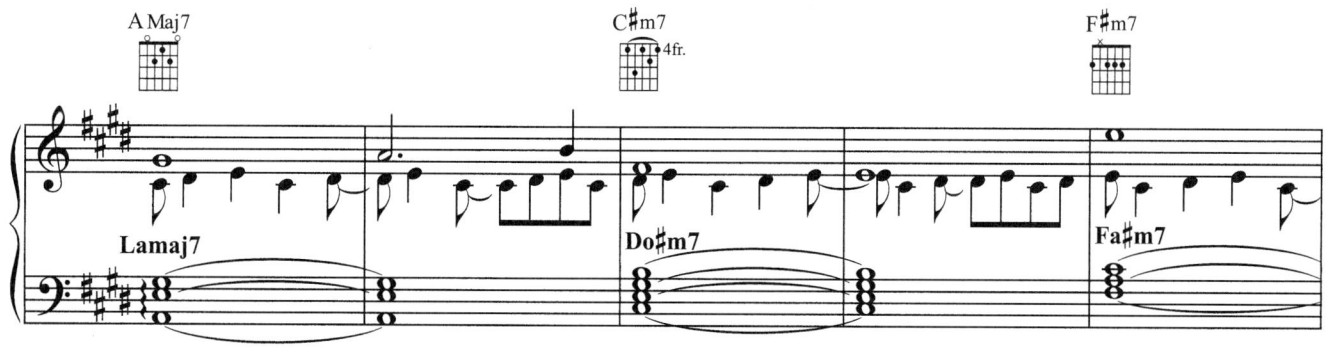
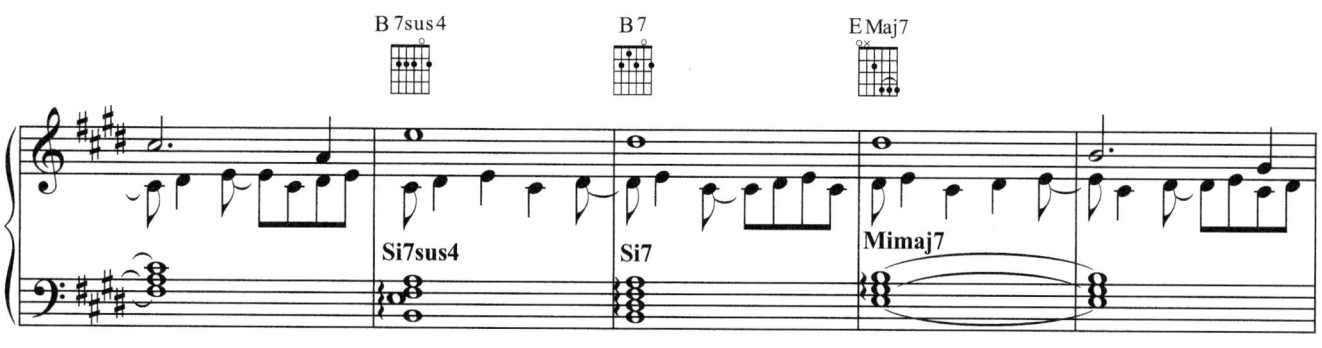
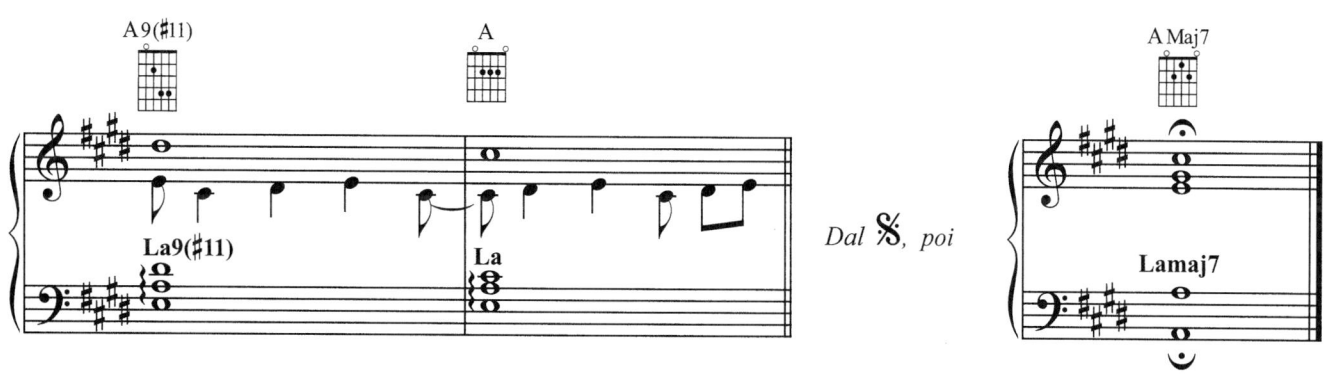

HERE'S TO YOU

Words by Joan Baez - Music by Ennio Morricone

TRACK 10

© 1971 by Universal Music Publishing Ricordi S.r.l. – Via B. Crespi, 19 – 20159 Milano
All rights reserved. International Copyright secured

HERE'S TO YOU

HERE'S TO YOU

ripete ad libitum

NUOVO CINEMA PARADISO

Music by Ennio Morricone

Lentamente

NUOVO CINEMA PARADISO

ONCE UPON A TIME IN AMERICA

TRACK 12

Music by Ennio Morricone

ONCE UPON A TIME IN AMERICA

PER QUALCHE DOLLARO IN PIÙ

Music by Ennio Morricone

TRACK 13

PER QUALCHE DOLLARO IN PIÙ

PER QUALCHE DOLLARO IN PIÙ

PER UN PUGNO DI DOLLARI

TRACK 14

Music by Ennio Morricone

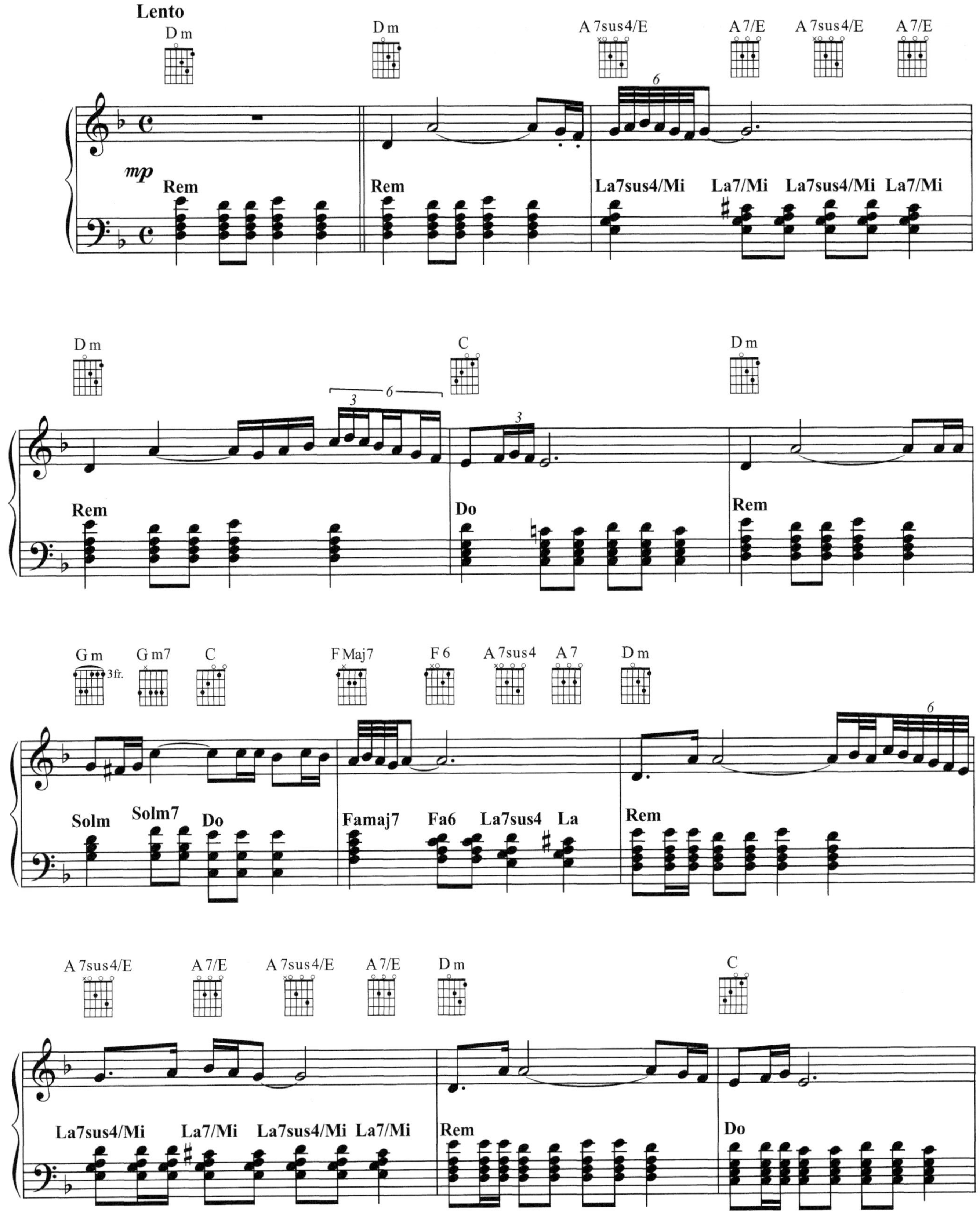

PER UN PUGNO DI DOLLARI

PLAYING LOVE

TRACK 15

Music by Ennio Morricone

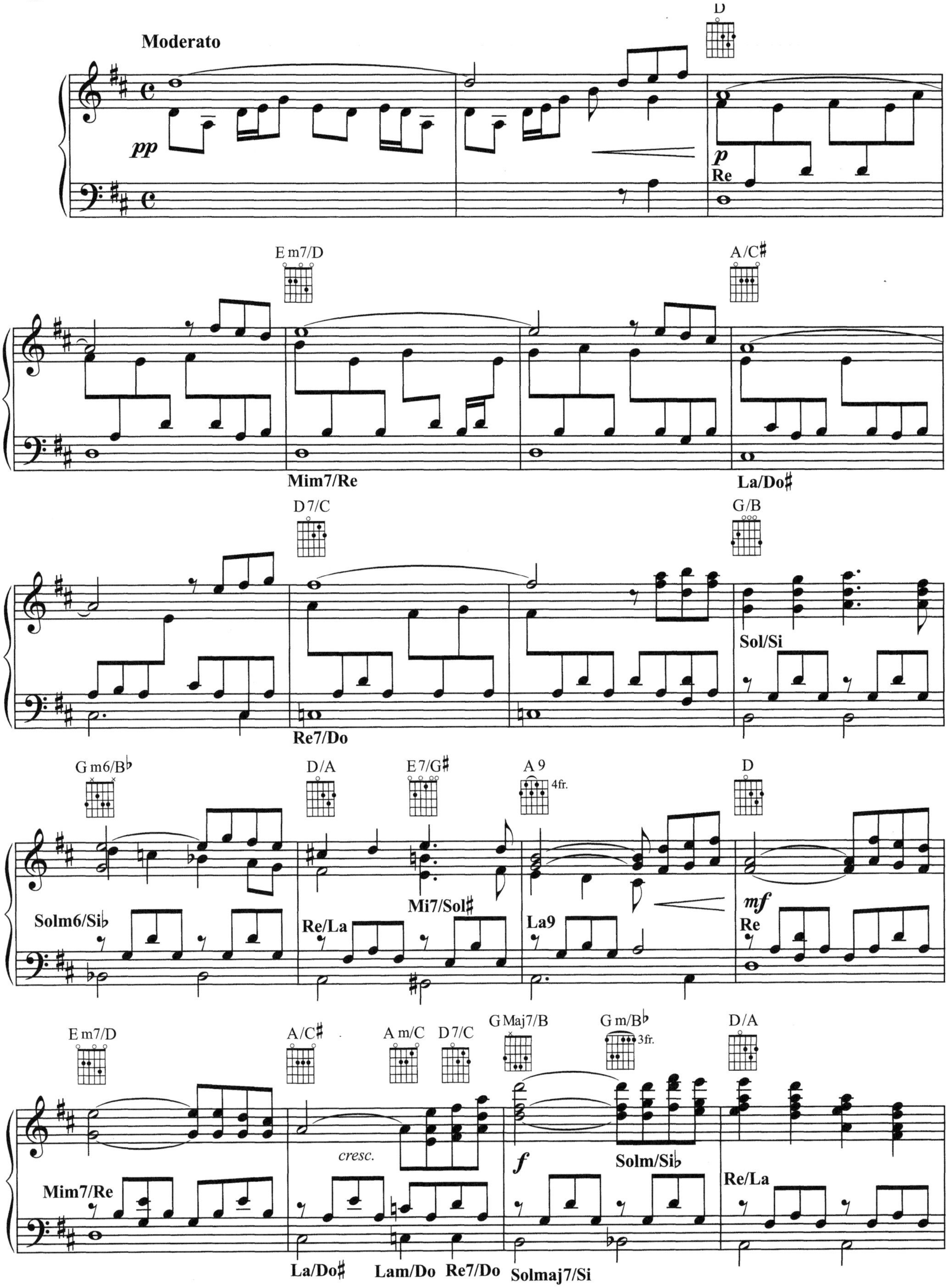

PLAYING LOVE

SAHARAN DREAM

TRACK 16

Words by Leonie Gane - Music by Ennio Morricone

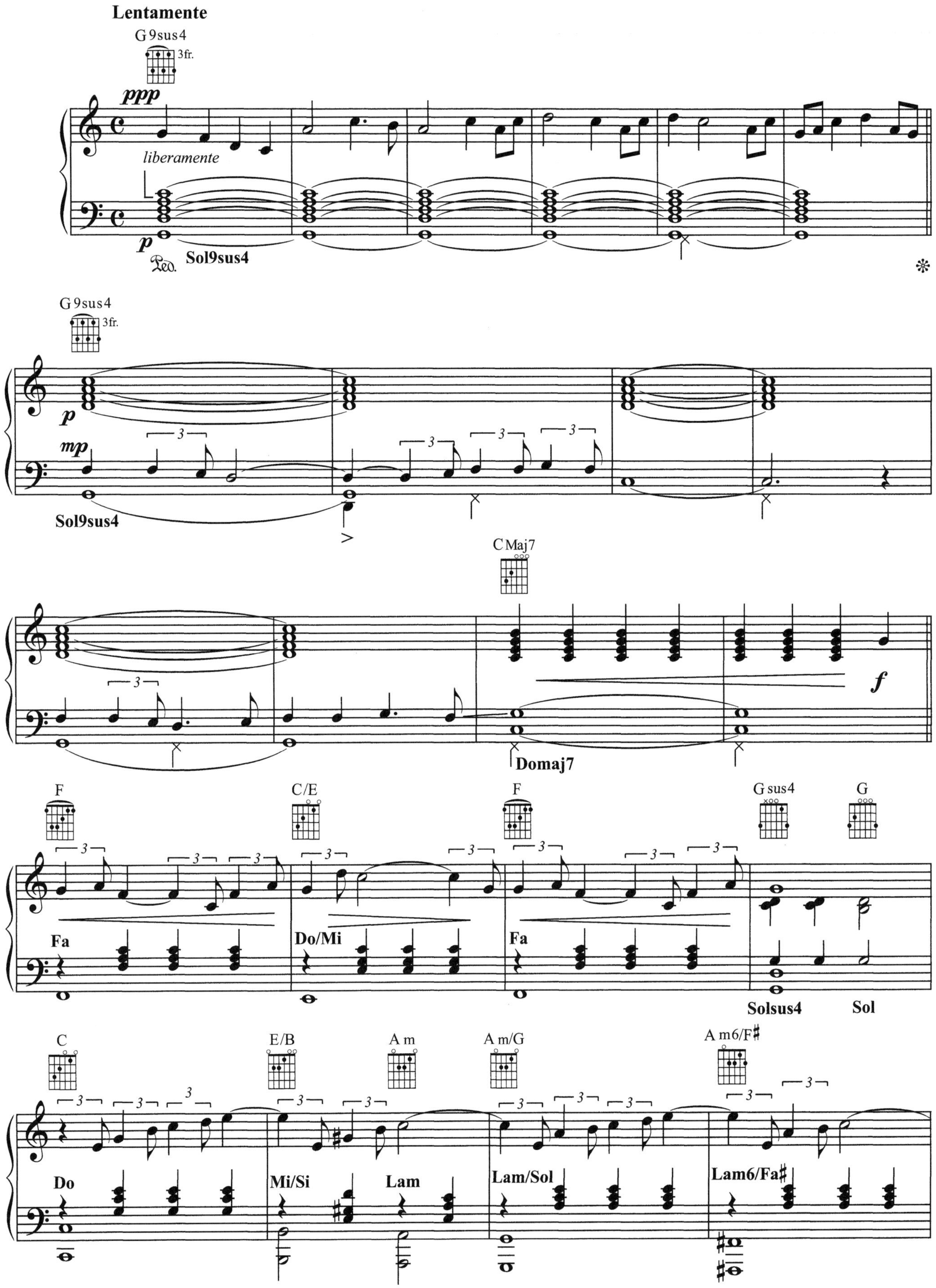

MISSION

Music by Ennio Morricone

TRACK 17

(from "Per un pugno di dollari")

TITOLI

TRACK 18

Music by Ennio Morricone

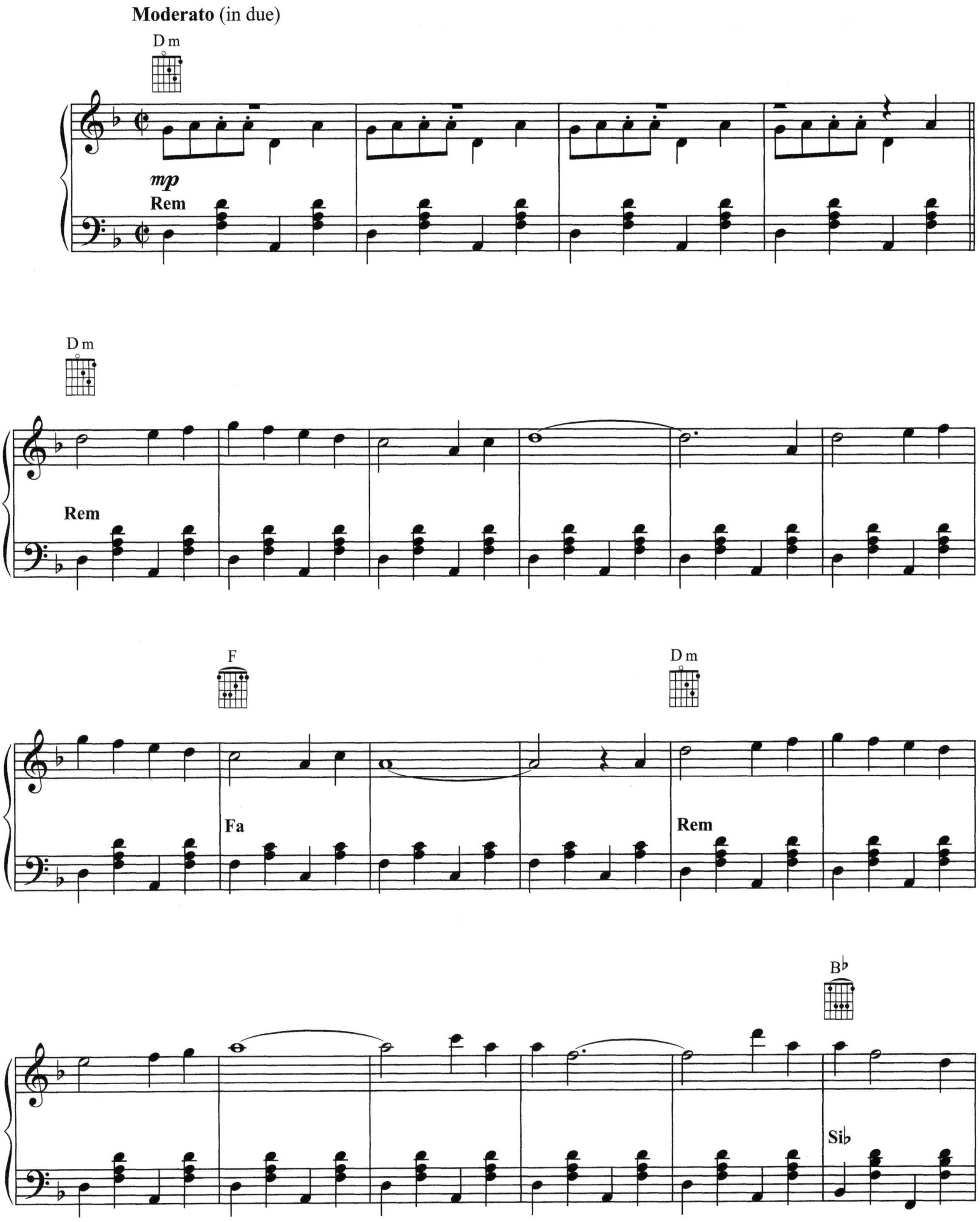

TITOLI (from "Per un pugno di dollari")

TITOLI (FROM "PER UN PUGNO DI DOLLARI")

TITOLI (from "Per un pugno di dollari")

TITOLI (from "Per un pugno di dollari")

TITOLI (FROM "PER UN PUGNO DI DOLLARI")

(from "C'era una volta il west")

TITOLI

TRACK 19

Music by Ennio Morricone

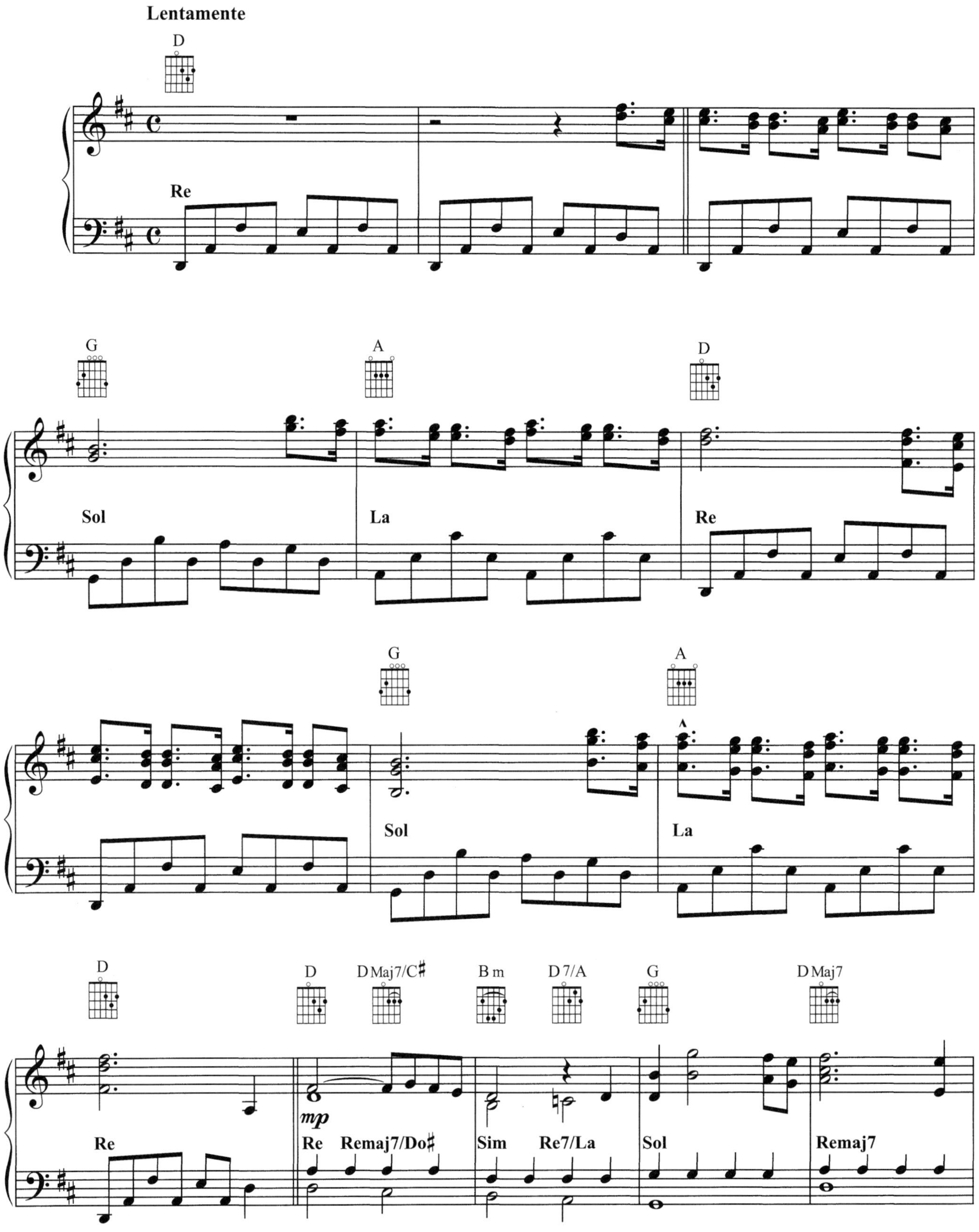

TITOLI (FROM "C'ERA UNA VOLTA IL WEST")

TITOLI (FROM "C'ERA UNA VOLTA IL WEST")

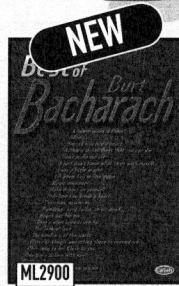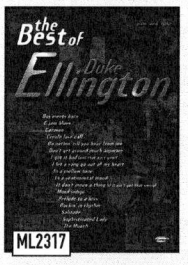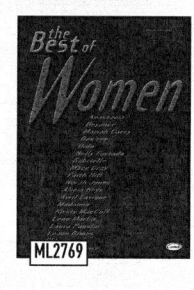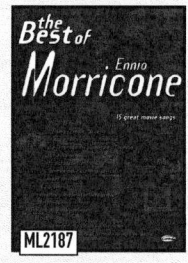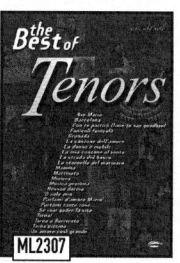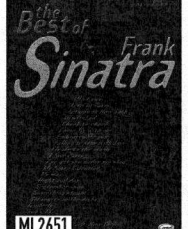

PROFESSIONAL BOOKS
C instruments

A series that thanks to its clearness and finest choice of repertoires is particularly dedicated to professional musicians and to whoever needs to play the great classics of every musical genres. An effective mixture of "real book's" tradition.
for C instruments

the best on-line resource for music www.carisch.com